JOGOS, SIMULAÇÕES E DINÂMICAS ORGANIZACIONAIS

Dados Internacionais de Catalogação na Publicação (CIP)
(Câmara Brasileira do Livro, SP, Brasil)

Souza, Ananisa Silva de
Jogos, simulações e dinâmicas organizacionais / Ananisa Silva de Souza. – Petrópolis, RJ : Vozes, 2020.

Bibliografia.
ISBN 978-85-326-6394-8

1. Ambiente de trabalho 2. Atividades lúdicas 3. Desenvolvimento profissional 4. Dinâmica de grupo 5. Jogos 6. Recursos humanos 7. Relações de trabalho 8. Relações interpessoais 9. Trabalho em equipe I. Título.

19-31847　　　　　　　　　　　　　　　　　CDD-658.3

Índices para catálogo sistemático:
1. Grupos : Jogos, simulações e dinâmicas : Ambiente organizacional : Administração de recursos humanos   658.3

Maria Paula C. Riyuzo – Bibliotecária – CRB-8/7639

ANANISA SILVA DE SOUZA

JOGOS, SIMULAÇÕES E DINÂMICAS ORGANIZACIONAIS

EDITORA VOZES

Petrópolis

© 2020, Editora Vozes Ltda.
Rua Frei Luís, 100
25689-900 Petrópolis, RJ
www.vozes.com.br
Brasil

Todos os direitos reservados. Nenhuma parte desta obra poderá ser reproduzida ou transmitida por qualquer forma e/ou quaisquer meios (eletrônico ou mecânico, incluindo fotocópia e gravação) ou arquivada em qualquer sistema ou banco de dados sem permissão escrita da editora.

CONSELHO EDITORIAL

Diretor
Gilberto Gonçalves Garcia

Editores
Aline dos Santos Carneiro
Edrian Josué Pasini
Marilac Loraine Oleniki
Welder Lancieri Marchini

Conselheiros
Francisco Morás
Ludovico Garmus
Teobaldo Heidemann
Volney J. Berkenbrock

Secretário executivo
João Batista Kreuch

Editoração: Elaine Mayworm
Diagramação: Sheilandre Desenv. Gráfico
Revisão gráfica: Editora Vozes
Capa: HiDesign Estúdio

ISBN 978-85-326-6394-8

Editado conforme o novo acordo ortográfico.

Este livro foi composto e impresso pela Editora Vozes Ltda.

Sumário

Prefácio – No lugar certo!, 7
Agradecimentos, 9
#humanize, 11
Introdução, 13
Alguns cuidados que devem ser tomados na aplicação das atividades que serão propostas, 15
Postura adequada do facilitador ou coordenador, 17
1 Atração e socialização, 19
    Perfil criativo, 21
    Integração virtual, 22
    Conexões, 23
    Valores x valores, 24
    Boas-vindas, 25
    Anúncio original, 26
    O entrevistador, 27
    As loucuras de um desempregado, 28
    Olhos fechados, 29
    A ilha, 31
2 Comunicação organizacional, 33
    Prudência, 35
    Conte sua história, 36
    Diversidade, 37
    Anúncio perfeito, 38
    Infinitas possibilidades, 39
    Cartão 4.0, 40
    Expressões, 41
    Escuta ativa, 42
    Entendeu ou quer que eu desenhe?, 44
    Caixa-surpresa, 45

3 Desenvolvimento profissional, 47
   Linhas de expressão, 49
   Destinatário especial, 50
   Alvo, 51
   Composição, 52
   Danças das cadeiras, 53
   Retorno, 54
   Bingo da prevenção, 55
   Eu, quem?, 56
   Atividade cultural, 57
   O que eu tenho a ver com isso?, 58
4 Trabalho em equipe, 61
   Tapete mágico, 63
   Jornada incrível, 64
   Jogo de varetas organizacional, 65
   Legado, 66
   O desafio da torre, 67
   Pitch desafio, 68
   Lição, 69
   Dança A2, 70
   Onde me encaixo?, 71
   Posso ajudar?, 72
5 *Performance*, 73
   Mapa do tesouro, 75
   O time, 76
   Jogo das competências, 77
   FIB organizacional, 78
   Solf skills – O jogo, 80
   O mágico, 81
   Quiz das competências, 84
   Qual o seu problema?, 88
   Varal do autoconhecimento, 89
   Minha melhor versão, 90

Soluções, 93
Referências, 95

Prefácio
No lugar certo!

Estar no lugar certo: eis uma preocupação muito importante na vida de todas as pessoas. Todos gostaríamos de estar no lugar certo, no lugar onde melhor nos sentimos, no lugar que proporcione realização. Estar no lugar certo é um desejo forte em diversas direções: nos relacionamentos, no espaço de moradia, na profissão etc.

Uma das situações onde a pergunta pelo "estar no lugar certo" torna-se crucial é, sem dúvida, o local de trabalho. Ali ambos os lados – colaborador e empregador – desejam estar e que se esteja no lugar certo. O colaborador deseja estar no lugar certo em muitos aspectos: lugar onde possa colocar em prática seus conhecimentos e habilidades, lugar certo como profissão, lugar certo como membro de uma equipe, lugar certo como espaço de realização pessoal e profissional, lugar certo onde possa se perceber como colaborador importante para as conquistas, e por aí vai.

Por parte do empregador, ter um colaborador no lugar certo é garantia de tarefas bem-feitas, com poucos atritos, com boa convivência no ambiente de trabalho, com maior produtividade e satisfação. Enfim, ter o sentimento de "estar no lugar certo" num ambiente de trabalho é certamente uma aspiração muito grande por parte de todos os envolvidos. E se invertermos a afirmação, fica-nos mais claro ainda a importância dessa aspiração: basta imaginar – por parte de empregador ou do colaborador – o quão terrível é a certeza de se estar no lugar errado!

Estar no lugar certo não diz respeito apenas a ser eficiente e bem-sucedido. Estar no lugar certo diz respeito acima de tudo a viver de forma humana, da forma mais adequada possível à nossa espécie. Isto diz respeito, pois, à possibilidade de humanizar-se.

Esta arte – humanizar-se – não é, entretanto, uma tarefa tão fácil de ser alcançada. No ambiente de trabalho isto irá requerer por parte do colaborador no mais das vezes um bom tempo de aprendizado, de adaptação, de convivência; por parte da empresa, uma boa capacidade de acolhimento, de sensibilidade e abertura.

A preocupação por ter as pessoas certas no lugar certo é uma realidade importante por parte de quem oferece postos de trabalho. Como fazer, entretanto, as coisas convergirem? Isto pode acontecer espontaneamente, mas essa não é a via de regra. Além disso, o processo que leva ao "estar no lugar certo" pode precisar de muitos instrumentos de ajuda.

Esta obra se entende nesta função: ser um instrumento que colabore para que no mundo do trabalho se consigam mecanismos que ajudem a escolher as pessoas certas para os lugares certos, mecanismos que facilitem a integração de pessoas em seus locais de trabalho, mecanismos impulsionadores de humanização.

Neste livro, as propostas de atividades feitas por Ananisa Silva de Souza, especialista em recursos humanos com vasta experiência prática, podem ser chamadas de *dinâmicas*. E é importante que assim sejam entendidas, exatamente como diz a origem da palavra: força, movimento. Elas serão bem utilizadas se conseguirem despertar as forças presentes nas pessoas, levando-as ao movimento de encontrar seu lugar certo, seu lugar humanizado.

Petrópolis, outubro de 2019.

Volney J. Berkenbrock

Agradecimentos

Em primeiro lugar, a Deus.

Aos meus pais, Orlando (*in memoriam*) e Rosângela, pelo apoio incondicional.

Aos meus avós (*in memoriam*), pelos ensinamentos deixados.

À minha irmã Aniele (*in memoriam*). Saudade eterna!

Ao meu marido, pelo apoio e compreensão.

Aos meus alunos, que me trouxeram tanto aprendizado e me ajudaram a testar várias dessas atividades.

Aos meus amigos, que me estimularam a seguir em frente com este projeto.

À minha equipe, que tanto me inspira.

#humanize

De acordo com o dicionário, *humanize* vem do verbo *humanizar*. E humanizar é "atribuir caráter humano a, tornar-se benéfico" etc.

Parece redundante falar de recursos humanos humanizados, mas estamos vivenciando a quarta revolução industrial, era de processos digitais combinados a máquinas, era de robôs e uma transformação radical.

Com isso, estamos experimentando uma grande transformação no mercado de trabalho, na forma como hoje trabalhamos e nos relacionamos.

A inovação e os avanços tecnológicos vêm como facilitadores, proporcionando às pessoas mais tempo para focar em atividades que exigem pensamento crítico, criatividade e experiência.

Hoje, com a economia colaborativa, temos uma nova forma de trabalhar mais flexível, disruptiva e ágil. O profissional "acomodado" não tem mais espaço. É preciso desenvolver novas habilidades e entender que muitas profissões estão obsoletas e novas estão surgindo.

Estamos falando em agilidade, desenvolvimento de novas competências, experiências reais e processos mais humanizados.

Faz-se necessário adaptar a cultura das organizações para esse novo modelo a fim de que possamos enxergar ainda mais as pessoas na sua totalidade.

As atividades lúdicas, como as dinâmicas, nos proporcionam esse enxergar de competências muitas vezes escondidas.

A humanização nas relações de trabalho vem nos propor alinhamento de valores, transparência e espírito colaborativo.

Este livro sugere atividades para o desenvolvimento desses conceitos.

Aproveitem!!!

Introdução

Este livro visa facilitar a vida dos profissionais que, no seu dia a dia, precisam de ferramentas para avaliar, capacitar, recrear e desenvolver pessoas nos diversos grupos sociais.

O objetivo é sugerir dinâmicas, simulações, técnicas e jogos vivenciais já testados e dar dicas para facilitar a aplicação dos mesmos.

Conhecer os grupos e seus processos é de suma importância para a formação de um profissional, pois o ser humano precisa conviver com os outros indivíduos e uma das competências mais valorizadas pelas empresas é o trabalho em equipe e o relacionamento interpessoal.

As atividades lúdicas são excelentes ferramentas para transmissão e fixação do conhecimento. Se pensarmos que atualmente os profissionais estão em busca de experienciar, experimentar, as dinâmicas proporcionam exatamente isso: a vivência.

Ao vivenciar uma dinâmica, há uma reflexão e percepção do modo de agir e interagir, abrindo assim uma possibilidade de mudança.

As atividades foram pensadas com foco no ambiente organizacional, embora, lembremos, que essas ferramentas podem ser aplicadas em qualquer tipo de grupo.

Existem diversas maneiras de aplicar as atividades e o método escolhido; depende apenas dos objetivos almejados.

O mais importante é aproveitar o momento singular de troca de experiências.

As atividades devem ser aplicadas por um profissional da área de RH ou gestores de equipes, desde que conheçam profundamente a vivência em questão, pois caso contrário podem comprometer todo o processo.

Alguns cuidados que devem ser tomados na aplicação das atividades que serão propostas

- É fundamental, para quem vai aplicar a dinâmica, o conhecimento do passo a passo a fim de ter segurança na aplicação.
- Tenha clareza do objetivo e da função da dinâmica para o processo a ser desenvolvido.
- É preciso entendê-la como instrumento.
- Crie um clima onde os participantes fiquem à vontade para participar da experiência.
- É de suma importância observar as expressões corporais, sobretudo as expressões faciais, dos participantes no decorrer da atividade, uma vez que é um reflexo natural das nossas emoções. Muitas vezes a linguagem corporal fala mais do que a verbal. É fundamental avaliar a coerência entre o que está sendo demonstrado através das expressões e o que está sendo dito.
- A dinâmica não tem resultado errado, então toda observação feita deve ser analisada.
- O material para cada atividade deve ser preparado com antecedência e pode ser adaptado de acordo com o tamanho de cada grupo.
- Para uma melhor apreciação do grupo e aproveitamento da ferramenta, além de quem está aplicando a dinâmica será necessário ter observadores para fazer anotações sobre as reações dos participantes.

Postura adequada do facilitador ou coordenador

• O facilitador ou coordenador é o responsável por conhecer a fundo a atividade e deve monitorar todo o processo.

• O observador é alguém previamente definido que fará anotações sobre os participantes e a atividade. Ele deve ter conhecimento do propósito da dinâmica em questão.

• Aqueles membros do grupo com os quais se está realizando uma dinâmica que não quiserem ou não puderem participar, convide-os a serem observadores, fazendo anotações do que está chamando mais a atenção. O importante é a inclusão.

• Deixe claro aos participantes que eles se encontram em um ambiente favorável para exercitar um diversificado repertório de experimentos, tendo o direito de testar possibilidades, cometer erros e refletir, depois, sobre a experiência e seus aprendizados.

• Evite frases que revelam autodepreciação: "Vou tentar..." "Não estou preparado..." "Vamos fazer uma brincadeira..." etc.

• Escreva as observações e conclusões mais interessantes: a memória pode falhar. Essas anotações serão importantes para que você conclua seu processo de avaliação da dinâmica.

• Sempre ao final de cada vivência, reúna os participantes em um círculo e abra espaço para os depoimentos. Busque a participação valorizando a espontaneidade: deixe-os, durante um certo tempo, livres para abordarem o que julgarem mais relevante. Assim, você poderá observar a capacidade de autocrítica e o nível de percepção da realidade dos participantes, além do grau de maturidade do grupo. Corrija as possíveis distorções de foco de abordagem. O facilitador deve fazer o encerramento da atividade agradecendo a participação de todos. A conclusão terá abordagem diferenciada em função do objetivo proposto.

Exemplos:

• Dinâmica em processo seletivo – A devolutiva para o candidato só acontecerá após a conclusão das demais etapas do processo.

• Dinâmica em treinamento interno – O encerramento já pode ser feito no ato.

• Dinâmica em processo de mudança de função – Geralmente existem mais etapas, o *feedback* é dado no final de todo o processo.

Atração e socialização

Além de atrair, é preciso socializar. Este ato é de suma importância para o sucesso do novo colaborador na organização. Só assim é possível assimilar os hábitos que o caracterizam como membro do grupo.

Perfil criativo

- **Indicação**: Recrutamento e seleção de pessoal.
- **Resultado esperado**: Conseguir identificar o perfil de cada candidato. A forma lúdica permite a identificação de características que, na forma tradicional, não ficam explícitas. Esta atividade deve ser combinada com outras ferramentas de seleção.
- **Desenvolvimento**: O coordenador deve solicitar que os participantes elaborem um currículo de forma criativa. Nesse inventário deve ter: dados pessoais, escolaridade, experiências profissionais, objetivos e planos para o futuro. *Não pode ser somente escrito*: Após a elaboração do currículo, cada candidato deve apresentá-lo para os outros participantes. Para que haja uma integração entre eles, sugira que comentem sobre as dificuldades da atividade, sobre as justificativas da sua apresentação etc.
- **Tempo de realização**: 20min para elaboração do currículo.
- **Material**: Papel A4 colorido e branco, caneta hidrocor, lápis de cor, revista velha, tesoura e cola.
- **Local**: Sala ampla com mesas e cadeiras.

Obs.: Para cada vaga deve ser preestabelecido um padrão levando em consideração: criatividade, organização, agilidade, poder de argumentação, disponibilização das informações, planos para o futuro etc.

Os critérios de avaliação não devem ser informados ao candidato.

Integração virtual

- **Indicação**: Integração em grupo de WhatsApp.
- **Resultado esperado**: Estimular a comunicação reflexiva e gerar maior integração no grupo.
- **Desenvolvimento**: Para melhorar a integração dos componentes que não se conhecem pessoalmente, o administrador do grupo de WhatsApp deve sugerir uma atividade de perguntas e respostas.

Um componente do grupo deve elaborar uma pergunta pertinente ao objetivo do grupo e direcionar a outro componente do grupo. Após essa pessoa responder, ela deve lançar outra pergunta e também direcioná-la a alguém específico. Assim sucessivamente, até que todos participem. O coordenador pode direcionar as perguntas para um propósito específico e delimitar o tema.

- **Sugestão de perguntas**:
    - O que é propósito para você?
    - O que você considera felicidade plena?
    - Você conhece seus pontos fracos? Que tipo de ameaças você pode sofrer por isso?
    - Quem escolheu sua carreira?
    - O que você mudaria em você mesmo?
    - Qual a sua formação e por que a escolheu/fez?
    - Qual o seu objetivo nesse grupo?
    - Apresente a região em que você atua.
- **Tempo**: O que for necessário.
- **Material**: Não é necessário. Cada um utilizará o seu próprio celular.
- **Local**: Virtual.

Obs.: Esta atividade é bastante apropriada para grupos de uma mesma empresa, mas que não se conhecem por serem de regiões distintas.

Conexões

- **Indicação**: Integração.
- **Resultado esperado**: Estimular a integração dos participantes.
- **Desenvolvimento**: Reúna os funcionários novos do mês e seus padrinhos[1] em um local em que possam se

---

1. Padrinhos são funcionários com mais tempo de empresa que ficarão responsáveis pela integração e socialização dos novos colaboradores.

acomodar em círculo e em pé para que todos possam ser vistos. Explique que quem estiver com a bola na mão deve fazer uma pergunta e jogar a bola para quem vai responder. As perguntas podem abordar diversos assuntos. Quem recebe a bola responde e elabora outra pergunta, escolhe um novo participante e joga a bola. Assim sucessivamente, até que todos participem.

• **Sugestão de perguntas**: Profissão, pontos fracos, pontos fortes, nome, planos para o futuro, setor de trabalho etc.

Ao final, o coordenador encerra a atividade dando boas-vindas a todos e desejando sucesso.

• **Tempo de realização**: Proporcional à quantidade de pessoas.
• **Material**: Bola de tênis, bola de pingue-pongue ou bola de papel.
• **Local**: Sala ampla ou quadra de esportes.

Valores x valores

• **Indicação**: Identificação de fit cultural[2] em processo seletivo.

• **Resultado esperado**: Avaliar o nível de alinhamento entre os valores individuais de cada candidato comparados aos valores da empresa. Abertura para discussão com os participantes a respeito desses valores.

• **Desenvolvimento**: Previamente, o coordenador deve ter analisado a visão, a missão e os valores da organização. Caso a empresa não tenha esses itens do seu planejamento estratégico divulgados, será necessário que o coordenador seja um profundo conhecedor da cultura organizacional da empresa. No dia da seleção, deve distribuir papel para os participantes

---

2. Fit cultural é um termo utilizado quando há um alinhamento entre os valores de um profissional e aqueles disseminados dentro da organização.

e convidá-los a fazer um desenho de uma pessoa. Cada um deve anotar no desenho, nos pés, olhos, coração, boca, mãos e cabeça:

- as piores situações em que já se envolveu;
- as coisas que mais o impressionaram;
- o grande amor;
- expressões (palavras, atitudes) dos quais se arrependeu;
- ações inesquecíveis que realizou;
- ideias das quais não abre mão.

Todos devem escolher, para cada situação apresentada, a qual parte do corpo se refere. Não há certo ou errado, apenas uma analogia lúdica de cada situação que deve ser considerada para a análise do processo seletivo. Ao final, o coordenador sugere que cada um compartilhe com os demais o resultado da atividade. Após o compartilhamento, todos devem entregar ao coordenador a folha para posterior análise.

- **Tempo de realização**: 1h.
- **Material**: Folhas de papel A4 e canetas.
- **Local**: Sala com mesas e cadeiras para cada participante.

Obs.: Esta atividade não deve ser utilizada de forma isolada. Indicada para compor o rol de ferramentas do processo seletivo.

Boas-vindas

- **Indicação**: Acolhimento em treinamento (*workshops*, convenções etc.).
- **Resultado esperado**: Dar boas-vindas de forma criativa, criar ambiente propício para o *feedback* positivo e reconhecimento. Estimular autoestima e valorização pessoal.
- **Desenvolvimento**: O coordenador prepara de forma antecipada cartões de boas-vindas com espelho para cada partici-

espelho

pante. No cartão, deve ser escrita uma mensagem de estímulo e reconhecimento.

Exemplo:

- Na capa – Abra e conheça o vendedor do ano ou funcionário do mês etc.

- No miolo – Cola-se o espelho, o qual irá refletir a própria pessoa.

- **Tempo de realização**: O suficiente para análise das reações.
- **Material**: Cartões com espelho para todos.
- **Local**: Sala ampla.

Obs.: O cartão pode ser entregue junto com outros materiais, pode ser deixado em cima da cama se for um evento realizado em hotéis etc.

É interessante filmar as reações e depois compartilhar com os participantes.

Anúncio original

- **Indicação**: Processo seletivo.
- **Resultado esperado**: Identificar qualidades e defeitos dos candidatos a partir da sua própria ótica.
- **Desenvolvimento**: Reúna os candidatos e dê as orientações. Cada um, de forma individual, deve elaborar um anúncio de si mesmo. No anúncio deve conter nome fantasia, pontos fortes e fracos, dados pessoais, meios para contato. Tudo deve ser apresentado de forma bem criativa. O coordenador deve delimitar a quanti-

dade de palavras, se pode ou não ter imagens etc. Já deve estar no local um bloco de *flip chart* para a colagem dos anúncios. Cada um deve criar o seu anúncio e colocar na página do jornal. Ao final, o coordenador deve solicitar que todos observem os classificados e comentem o que mais chamou a atenção e por qual motivo. Os participantes também devem tentar identificar os demais participantes pelo anúncio. É importante que os participantes estejam à vontade para comentar sobre possíveis dificuldades ou até curiosidades no desenvolvimento da atividade.

- **Tempo de realização**: 30min.
- **Material**: Papel A4, canetas, lápis de cor, revistas para recorte, cola, tesoura, carteiras escolares, suporte e bloco de *flip chart* etc.
- **Local**: Sala ampla.

O entrevistador

- **Indicação**: Processo seletivo.
- **Resultado esperado**: Identificar habilidades de negociação, comunicação e argumentação dos candidatos.

- **Desenvolvimento**: Reúna os candidatos e explique que todos deverão desenvolver dois papéis nesta atividade. É preciso fazer um sorteio para saber quem será entrevistador e candidato em cada rodada. O coordenador deve informar detalhes da vaga para cada grupo de entrevistador. É importante ter vários perfis de vaga, para estimular a criatividade dos participantes. Ao final, cada entrevistador deve ter entre-

vistado pelo menos três candidatos e ter escolhido um para contratar e justificar sua escolha. A atividade acontecerá de forma equilibrada se o grupo tiver mais de 12 pessoas. Para esta quantidade, serão necessárias quatro rodadas. Cada entrevista deve durar no máximo 10min.
- **Tempo de realização**: 2h.
- **Material**: Mesas e cadeiras para todos.

Local: Sala ampla.

Obs.: É imprescindível ter observadores, além do coordenador da atividade.

As loucuras de um desempregado

- **Indicação**: Processo seletivo.
- **Resultado esperado**: Identificar valores enraizados, proatividade para mudança, resposta ao inesperado etc.
- **Desenvolvimento**: Reúna os candidatos e explique que será exibido um trecho do filme *As loucuras de Dick e Jane*[3], que todos deverão assistir com atenção. Após a exibição dos trechos previamente escolhidos, o coordenador distribuirá uma ficha que deverá ser preenchida de forma individual. Logo que todos tenham preenchido, o coordenador escolhe alguns formulários para comentar e pede que o autor das respostas faça as suas considerações. É importante que o coordenador trace um paralelo do filme com as respostas dos candidatos e suas experiências reais.

---

3. Ficha técnica do filme: Dean Parisot (direção); Jim Carrey e Leoni (no elenco); Estados Unidos (país de origem); 2005 (ano de produção).

- **Tempo de realização**: No máximo 2h.
- **Material**: Formulário, mesas e cadeiras para todos.
- **Local**: Sala ampla.

Obs.: Através desta atividade é possível observar diversas reações importantes para o processo seletivo, o qual deve ser mesclado com outras ferramentas para embasar a escolha final do candidato.

- **Sugestões de cenas que podem ser utilizadas**:
    - o Dick contando para a família que ficou desempregado;
    - a Jane sugerindo ao Dick para aceitar um cargo inferior ao último que ele teve;
    - o processo seletivo que o Dick participa e percebe a enorme concorrência etc.
- **Formulário para análise das cenas**:
    - O que mais chamou sua atenção nas cenas exibidas?
    - Identifique quais os pontos positivos e os negativos do trecho exibido.
    - Houve alguma cena de destaque? Por quê?
    - De forma geral, o que você tira de lição do filme?

Olhos fechados

- **Indicação**: Processo seletivo.
- **Resultado esperado**: Imparcialidade, diversidade, assertividade, agilidade e valorização pessoal.
- **Desenvolvimento**: Este processo deve ser feito em três etapas e com equipes avaliadoras diferentes. Na primeira, deve acontecer apenas a análise dos currículos. Na segunda etapa

serão aplicados testes de conhecimento específicos e gerais e, neste processo, o foco é apenas nos resultados da avaliação. Todos deverão estar identificados por código. Na terceira etapa, reúnem-se os candidatos à vaga. Todos devem participar, sem passar por nenhum filtro. O coordenador desta fase explica aos participantes que todos devem assumir o papel de candidatos a prefeito da cidade e devem defender sua candidatura em uma apresentação de 5min no máximo. A equipe avaliadora só vai ouvir as respostas sem ter acesso direto aos candidatos. Ao final, as equipes avaliadoras se reúnem para chegarem ao consenso. Será contratado o candidato que obtiver melhor resultados na análise de competências técnicas e comportamentais.

A matriz de pontuação deve ter coerência com a missão da empresa e convergir com os valores do recrutamento às cegas. Então, não é permitido nenhuma pontuação que gere discriminação. Os pesos devem ser definidos de acordo com a vaga que está sendo trabalhada.

- **Tempo de realização**: No máximo uma semana.
- **Material**: *Software* e testes predefinidos.
- **Local**: Sala ampla e cadeiras para todos.

Obs. 1: Em nenhuma fase avaliativa é indicado que os avaliadores conheçam pessoalmente os candidatos.

- **Exemplo de matriz**:

Competência	Comunicação
Descrição	Expressa-se de forma clara, precisa e objetiva, tanto verbalmente quanto por escrito, utilizando recursos eficazes para uma boa comunicação. Sabe ouvir genuinamente e argumenta com coerência, facilitando a interação entre as pessoas.
Evidência	Comunica-se de maneira clara e concisa, utilizando linguagem corporal adequada.
Nível	Dificuldade ( )	Funcional ( )	Proficiente ( )	Especialista ( )
Peso				

Escolaridade	Ensino Fundamental	Ensino Médio	Ensino Superior	Especialização
Peso				
Conhecimento aplicado (experiência)	Até 6 meses	De 7 a 12 meses	De 13 a 24 meses	Mais de 24 meses
Peso				
Conhecimento específico (teste)	Até 4 pontos	De 5 a 7 pontos	De 8 a 9 pontos	10 pontos
Peso				

Obs. 2: É importante analisar todas as competências exigidas para a função.

A ilha

- **Indicação**: Socialização e percepção de clima organizacional.
- **Resultado esperado**: Gerar maior interação entre os participantes. Deve-se observar a capacidade de improviso, socialização, dinamismo, paciência, espírito colaborativo e liderança.
- **Desenvolvimento**: Em uma piscina, faz-se um círculo com todos os participantes de mãos dadas. Quem estiver conduzindo a dinâmica deve pedir que cada um grave exatamente os colegas que estão ao seu lado. Em seguida, pede-se que todos larguem as mãos para poderem nadar, dançar, caminhar; porém, ao sinal do coordenador, todos devem se abraçar no centro da piscina, formando uma ilha.

Então, o coordenador pede que todos se mantenham nesta posição como estátuas. Os participantes podem se comunicar verbalmente, mas não podem ser todos ao mesmo tempo. Em seguida, o coordenador solicita que todos deem as mãos para as respectivas pessoas que estavam do lado direito e esquerdo (sem sair do lugar). Pede-se para que todos, juntos, tentem abrir a roda, formando novamente o círculo inicial. Para isso, as pessoas poderão pular, passar por baixo, girar etc. Essa tarefa não será fácil, principalmente se alguém errar, soltar as mãos ou não cumprir as regras. O coordenador deve propor uma reflexão sobre tudo o que acontecer durante a atividade.

• **Material**: Aparelho de som, música animada e roupa de banho.

• **Local**: Piscina (com profundidade que permita que todos fiquem de pé).

Obs.: Indicado para grupos com mais de 10 pessoas e para eventos de confraternização incluindo familiares.

Comunicação organizacional

A comunicação organizacional e suas diversas formas é de suma importância para que a empresa se desenvolva, pois é através do processo de interação que os relacionamentos se solidificam, auxiliando no sucesso dos projetos internos.

Prudência

- **Indicação**: Melhoria da comunicação interna.
- **Resultado esperado**: Estimular uma análise acerca da comunicação eficaz. Por vezes, o que é dito não está sendo entendido como deveria. Identificar possíveis atitudes preconceituosas. Analisar a influência do grupo sobre o indivíduo. Identificar possíveis líderes (positivos e negativos). Mostrar que a busca do consenso melhora as decisões. Explicar o quanto é prejudicial para todos as suposições e a "rádio peão".

- **Desenvolvimento**: O coordenador deve solicitar um voluntário para a leitura da manchete descrita abaixo para os outros participantes, entregar o questionário e solicitar que cada um sinalize se as afirmativas são apenas hipóteses, se são afirmativas verdadeiras ou se não há evidências que confirmem as hipóteses. Após a atividade individual, o coordenador separa os participantes em grupos menores e explica que deverão fazer a mesma atividade, porém agora em consenso com os demais membros do grupo. O coordenador ressalta que as respostas individuais não devem ser descartadas. Ao final, é sugerida uma análise das respostas individuais e em grupo. O coordenador deve estimular a discussão sobre o exercício proposto. A atividade realizada da forma individual foi mais fácil ou mais difícil se comparada à atividade realizada em grupo? Qual a maior dificuldade? Etc.
- **Tempo de realização**: 40min.
- **Material**: Cópia da manchete, das afirmações e canetas para todos.
- **Local**: Sala grande o suficiente para formar pequenos grupos e cadeiras.

A manchete:

Um homem entra em um açougue que acabou de abrir e pede um pedaço de carne. Quem o recebe, pede prudência. O dono abre a câmara frigorífica. Um conteúdo é retirado do frigorífico, sangue foi visto e um indivíduo cai. Imediatamente uma ambulância é acionada.

- **Questões para análise da manchete** – Sinalize se a afirmativa é: Hipótese (H), Afirmativa Verdadeira (AV) ou Sem Evidência (SE).

( ) Uma pessoa ficou ferida.

( ) A carne foi roubada.

( ) O homem não pediu carne.

( ) Um homem entrou no açougue.

( ) O dono abriu a câmara frigorífica.

( ) Foi uma mulher que tirou a carne do frigorífico.

( ) O homem que caiu estava ferido.

( ) Quem chamou a ambulância foi o dono do açougue.

( ) O indivíduo levou a carne.

( ) Muito sangue foi visto porque a carne estava estragada.

Obs.: O mais importante não é a exatidão das respostas, mas como elas são desenvolvidas e também como as pessoas se comportam e reagem diante delas. (Solução na p. 93.)

Conte sua história

- **Indicação**: Comunicação interna e resolução de conflitos.
- **Resultado esperado**: Desenvolvimento da empatia, melhoria da comunicação e consequente redução de conflitos.

- **Desenvolvimento**: O coordenador reúne pessoas que tenham dificuldade de desenvolver trabalhos em times e propõe a atividade. O coordenador distribui papel para todos e solicita que cada um conte sua própria história através de um infográfico[4]. É importante mencionar que a representação gráfica deve ter momentos marcantes, sejam eles bons ou ruins. Ao final, o coordenador deve sugerir que cada um compartilhe seu trabalho com os demais.
- **Tempo de realização**: Estima-se 1h, mas pode ser alterado de acordo com o tamanho do grupo.
- **Material**: Papel, canetas coloridas, revistas, tesoura, cola etc.
- **Local**: Sala ampla com mesas e cadeiras.

Diversidade

- **Indicação**: Cultura e clima organizacional.
- **Resultado esperado**: Gerar um momento de reflexão no grupo, estimular a comunicação e identificar a cultura enraizada.
- **Desenvolvimento**: O coordenador deve orientar que os participantes fiquem sentados e em círculo. E explicar que deve escolher um colega de acordo com algum critério. Por exemplo: escolher a pessoa que gostaria de conhecer melhor, que admira, que gostaria de lhe dizer algo, que tem determinada qualidade etc. O primeiro participante deve amarrar a ponta do fitilho no pé e jogar o rolo para alguém que ele queira, justificando o

---

4. Um infográfico é uma representação visual usada para apresentar informações e dados. A atividade pode ser realizada em computadores, se a empresa tiver equipamentos para todos.

motivo da escolha. A pessoa escolhida agarra o rolo, decide se deseja usar o mesmo fitilho ou se usará um de outra cor, amarra-o e joga-o para a próxima pessoa. Mesmo que o participante decida usar outra cor de fitilho, antes de jogá-lo a uma outra pessoa deve amarrá-lo em seu próprio pé. Analisar as decisões de cada um no grupo em relação à troca de cor dos fitilhos e à escolha dos participantes. De forma lúdica, espera-se ver se há predisposição para a mudança, avaliar se há algum tipo de preconceito etc. Ao final, propõe-se uma visualização do resultado e faz-se sua análise. Nesse momento, todos devem ficar de pé e olhar o emaranhado que foi criado. O coordenador deve aproveitar para falar sobre os benefícios da diversidade.

- **Tempo**: 40min.
- **Material**: Cadeiras e diversos rolos de fitilho colorido.
- **Local**: É preciso um espaço proporcional ao tamanho do grupo.

Obs.: Esta dinâmica pode ser feita com diversos objetivos e pode ser utilizada também em festas e eventos como o Natal e comemorações de fim de ano.

Anúncio perfeito

- **Indicação**: Clima e cultura da organização (marca empregadora).
- **Resultado esperado**: Identificar qual o valor da marca empregadora. O que é considerado importante para eles ou não. Que benefícios são valorizados, mais lembrados etc.
- **Desenvolvimento**: Em um grupo de funcionários que conhece bem a empresa, o coordenador solicita que cada um elabore um anúncio de emprego bem atrativo. Explique que o nome

da empresa não deve ser mencionado, porém suas características, benefícios, ambiente interno e história devem constar no anúncio com o objetivo de atrair os melhores profissionais. Solicite que pensem na própria empresa para elaboração do anúncio. Ao final, faça uma reflexão com o grupo sobre as respostas.
- **Tempo de realização**: 30min.
- **Material**: Papel A4, canetas e carteiras escolares.
- **Local**: Sala ampla.

Obs.: A dinâmica também pode ser proposta para grupo de pessoas que não se conhecem, porém irá exigir uma preparação maior do coordenador.

Infinitas possibilidades

- **Indicação**: Engajamento e percepção da instituição.
- **Resultado esperado**: Que as pessoas deem atenção e valorizem as coisas boas da vida, sem focar tanto em coisas negativas, tanto no âmbito profissional quanto no pessoal.

- **Desenvolvimento**: O coordenador informa que todos deverão resolver um exercício bem difícil. Quem tirar a melhor nota ganhará um presente no final. O coordenador deve ter preparado, com antecedência, diversas folhas com o desenho impresso. A folha deve ser entregue com a imagem virada para baixo. Após todos receberem-na, solicita que desvirem a folha. Cada um deve desenvolver um texto sobre o que estão vendo. Por mais que pareça estranho, quem está conduzindo a dinâmica não deve dar mais nenhuma informação. Após o tempo preestipulado, o coordenador recolhe todas as redações e avalia. Em regra geral, os textos serão sobre o que está impresso na folha e não sobre a folha em si. Nesse momento, quem estiver conduzindo a dinâmica deve ler as redações para todos. E propor uma reflexão sobre como damos muito mais atenção para os problemas (desenho) da nossa vida do que para as coisas boas (parte branca). Caso alguém descreva sobre as possibilidades da folha branca, deixe a leitura deste texto para o final e valorize a positividade! É possível também avaliar através desta atividade a percepção que cada um tem da organização. O coordenador deve observar se a empresa foi citada e de que forma ocorreu a citação.

- **Tempo de realização**: 30min.
- **Material**: Folha A4 com o desenho impresso.
- **Local**: Sala com mesas e cadeiras, caneta para todos.

Obs.: A posição do desenho na folha pode ser alterada de acordo com o fim proposto. É possível também avaliar a predisposição para mudança com esta atividade.

Cartão 4.0

- **Indicação**: *Networking* humanizado.
- **Resultado esperado**: Solidificar a rede de contatos.
- **Desenvolvimento**: Atualmente estamos vivenciando uma era onde os contatos virtuais são muito mais frequentes, porém é preciso humanizar essas relações para o crescimento da rede. Administradores de grupos de WhatsApp devem estimular que os componentes do grupo se conheçam pessoalmente e criem de fato uma rede de contatos do tipo

"ganha-ganha". Ao marcar o encontro, deve solicitar que cada um, de forma antecipada, crie um cartão de visitas criativo e envie-o ao grupo. O objetivo do cartão é criar uma interação prévia através de afinidades.

- **Tempo de realização**: O cartão deve ser desenvolvido de forma antecipada.
- **Duração do encontro**: Estima-se 2h.
- **Material**: Mesas, cadeiras e *coffee break*.
- **Local**: Sala ampla.

Obs.: Existem aplicativos para a criação de cartões de visita virtuais, mas estes também podem ser desenvolvidos em Powerpoint, Canvas etc. Este cartão pode também ser utilizado em outras oportunidades. O mais importante é o desenvolvimento da criatividade e ampliação de rede de contatos. O cartão de visitas é virtual, mas o contato é presencial e pessoal.

Expressões

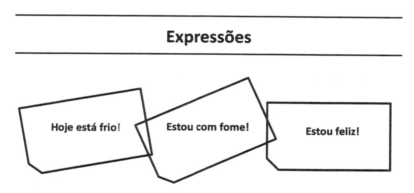

- **Indicação**: Comunicação interna.
- **Resultado esperado**: Conscientização sobre o uso correto da comunicação interna.
- **Desenvolvimento**: O coordenador explica sobre as várias formas de se comunicar, citando a linguagem não verbal. É importante ressaltar que, para a comunicação ser assertiva, o emissor

precisa se certificar de que o receptor entendeu a mensagem. Para isso, é necessário prestar atenção aos detalhes de gestos, expressões faciais e corporais. O coordenador deve separar o grupo em equipes menores e pedir que um representante em cada equipe seja eleito. O representante vai sortear um cartão com mensagens. O coordenador explica que a pessoa escolhida deve passar um recado para os demais sem falar. Ao terminar, o coordenador solicita que os participantes comentem sobre as dificuldades da atividade e tracem um paralelo com a comunicação interna da empresa.

• **Tempo de realização**: Estima-se 1h. O tempo pode ser alterado em função do tamanho do grupo.

• **Material**: Cartões com as mensagens (os cartões devem ser desenvolvidos de forma antecipada).

• **Local**: Sala ampla.

• **Sugestões de mensagens**:

  - *Estou triste!*
  - *Está chovendo!*
  - *Estou apaixonado!*

Escuta ativa

• **Indicação**: Comunicação interna.

• **Resultado esperado**: Melhoria da comunicação e consequente redução de conflitos internos através do interesse genuíno pela fala do interlocutor.

• **Desenvolvimento**: O coordenador reúne o grupo e sorteia duplas. As pessoas devem ficar sentadas uma de frente para a outra para conversarem.

O coordenador pede para que em cada dupla um seja eleito para responder a pergunta. As perguntas já estarão previamente preparadas e em um envelope. Em cada dupla, o eleito para responder escolhe o envelope que quiser. O coordenador explica que a dinâmica acontecerá ao mesmo tempo para todas as duplas e que a pessoa escolhida fará a mesma pergunta duas vezes. Ter todos falando ao mesmo tempo é proposital para se observar a interferência dos ruídos.

Na primeira vez, deve-se escutar com toda atenção possível, pois essas informações serão necessárias posteriormente. Na segunda vez, além de ouvir, deve-se também estar atento à linguagem não verbal do colega. O coordenador ressalta que o interlocutor deve apenas ouvir a resposta e não fazer nenhuma interferência na conversa. Depois do tempo estipulado, o coordenador solicita que a pessoa da dupla que estava ouvindo reproduza a resposta do colega para os demais. Quando todos tiverem realizado a atividade, é preciso fazer um encerramento. Os participantes devem comentar como se sentiram apenas ouvindo, apenas respondendo, como foi reproduzir a resposta do outro, se conseguiram passar a mesma emoção etc. Recomenda-se que o coordenador comente sobre a importância da escuta ativa, de mostrar interesse pelos outros, desenvolver a empatia etc. para se estabelecerem vínculos.

- **Tempo de realização**: Estima-se 1h, mas pode ser alterado de acordo com o tamanho do grupo.
- **Material**: Cartões com as perguntas.
- **Local**: Sala ampla.
- **Sugestões de perguntas**:
    - Por que escolheu tal profissão?
    - Por que tem filhos ou não tem filhos?
    - Qual o seu maior sonho?
    - Fale de um momento marcante.

Entendeu ou quer que eu desenhe?

- **Indicação**: Comunicação interna.
- **Resultado esperado**: Melhoria da comunicação, resolução de problemas com clareza e criatividade.
- **Desenvolvimento**: O coordenador divide o grupo em pequenos times de trabalho (3 a 5 pessoas por time). Expõe a situação-problema e pede para cada time fazer um infográfico a fim de explicar o problema, suas causas e possíveis soluções. Ao final do tempo estipulado, cada time deve apresentar o infográfico para o grupo maior. Ressaltamos que o infográfico deve ter apenas uma página. O coordenador deve estimular a discussão sobre o que cada time fez e propor análise de como ficará o infográfico do grupo maior, levando em consideração as melhores análises de cenário e ideias para a solução do problema.
- **Tempo de realização**: Estima-se 1h, mas pode ser alterado de acordo com o tamanho do grupo.
- **Material**: Computadores para cada time e projetor para a apresentação final.
- **Local**: Sala ampla com mesas e cadeiras.

Obs.: Um infográfico é uma representação visual usada para apresentar informações e dados. Se for inviável a utilização de computadores, pode ser feito manuscrito.

Caixa-surpresa

- **Indicação**: Comunicação interna.
- **Resultado esperado**: Melhoria da comunicação, resolução de problemas e trabalho em equipe.
- **Desenvolvimento**: O coordenador divide o grupo em duplas. Cada dupla deve receber uma caixa-surpresa lacrada. O coordenador explica que cada dupla deve tentar descobrir o que há dentro da caixa sem abri-la, apenas balançando e tentando ouvir o ruído que os objetos fazem dentro da mesma. As caixas devem ser preparadas previamente. Cada dupla deve ficar com a caixa por poucos minutos. O nome de cada dupla deve ser anotado no quadro ou *flip chart*. A dupla deve descrever sua caixa para o restante do grupo e anotar no quadro. Cada dupla terá feito uma hipótese de conteúdo para cada caixa. Deixe livre se alguma dupla quiser alterar sua opinião inicial. Ao final, é preciso fazer uma análise crítica de cada hipótese e como chegaram a elas. Após essa reflexão, o coordenador revela o conteúdo de cada caixa.
- **Tempo de realização**: Estima-se 1h, mas pode ser alterado de acordo com o tamanho do grupo.
- **Material**: Caixas suficientes para o tamanho do grupo. O ideal é que se tenha uma para cada dupla. As caixas devem ter o mesmo tamanho, porém conteúdo distinto, e todas devem estar lacradas.
- **Local**: Sala ampla.

Obs.: O conteúdo das caixas pode ser brindes para os grupos. Exemplos: balas, bombons, lápis, canetas etc.

Desenvolvimento profissional

É uma coleção de atividades que visam a conquista de conhecimentos e habilidades, e o progresso de atitudes e comportamentos.

O desenvolvimento pessoal e profissional, concomitantemente, é o diferencial para todos que buscam ter.

Linhas de expressão

- **Indicação**: Mudança organizacional.
- **Resultado esperado**: Sensibilização para a mudança. Espera-se que as pessoas entendam que o desconforto da mudança é útil para o crescimento e o desenvolvimento pessoal e profissional.

- **Desenvolvimento**: O coordenador orienta que cada um deve escolher um tipo e cor de papel e que este deve simbolizar sua trajetória de vida. Também sugere que os participantes escrevam nessa folha fatos marcantes das suas vidas e que influenciaram a atitude individual de cada um. Explica também que, a cada fato relatado, a folha deve ser dobrada. A dobradura deve seguir a seguinte sistemática: se o fato for positivo, a dobradura deve ser para dentro e, se for negativo, para fora. Sugere-se que pelo menos 10 fatos sejam relatados para cada participante. Ao final do tempo estabelecido, pede-se que a folha seja desdobrada e desamassada com o objetivo de voltar ao seu estado inicial. (Mesmo isso não sendo possível, o coordenador deve solicitar.) A seguir, o coordenador deve propor uma reflexão da atividade:

- Explicar que muitas coisas na nossa vida são advindas das nossas escolhas ou da forma como reagimos aos fatos que nos acontecem (escolha do tipo e cor do papel, a identificação de positivo e negativo etc.).

- Expor que mudanças são inerentes ao processo de desenvolvimento e amadurecimento.

- Apontar que, por mais que as coisas passem, as marcas ficam e que devemos tirar lições de aprendizado.

- Sugerir que devemos refletir se estamos deixando mais marcas positivas ou negativas na vida das pessoas que nos cercam.
- **Tempo de realização**: 30min.
- **Material**: Folhas de papel A4 branco e colorido, cartolinas e canetas.
- **Local**: Espaço suficiente para que todos possam se sentar.

Destinatário especial

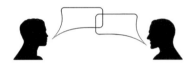

- **Indicação**: Gestão de carreira.
- **Resultado esperado**: Identificação das expectativas de cada colaborador em relação à sua carreira.
- **Desenvolvimento**: O coordenador solicita que cada participante escreva um e-mail (endereço indicado) para o seu melhor amigo relatando seu momento atual, como se sente, expectativas em relação à empresa atual, se está estudando ou não, seus planos para futuro (5 anos) referentes à carreira, família e formação. A empresa deve criar um endereço de e-mail genérico para esse exercício. Embora a solicitação seja para que cada um enderece o e-mail para o melhor amigo, todas as respostas serão entregues ao coordenador desta atividade. Após um período (mais ou menos 60 dias) de análise e desenho de carreira de cada um, é imprescindível o retorno do e-mail com uma proposta para a reunião de *feedback* e plano de carreira. A análise dever ser feita pelo profissional de Recursos Humanos da empresa e validado com a diretoria da organização.

- **Tempo**: 30min (para elaboração do e-mail).
- **Material**: Computadores/laptops suficientes para todos.
- **Local**: Amplo o suficiente para ter mesas, cadeiras e computadores para todos.

Obs.: Caso a utilização de computadores não seja possível, a atividade pode ser feita de forma manuscrita (carta).

Alvo

- **Indicação**: Treinamento e desenvolvimento.
- **Resultado esperado**: Alinhar expectativas sobre o programa de treinamento e desenvolvimento. Tomar conhecimento das aspirações dos colaboradores.

- **Desenvolvimento**: O coordenador deve preparar previamente um desenho de alvo e deixá-lo exposto na sala do evento. No início das atividades, deve solicitar ao grupo que escreva em um papel adesivo suas expectativas em relação ao programa de treinamento e/ou desenvolvimento e também em relação ao grupo. Esse depoimento (papel adesivo) deve ser colado no desenho do alvo. É sugerido que alguém da equipe de suporte relacione as expectativas para adequação do que for possível. Após o encerramento do treinamento é necessário analisar, junto com os participantes, os depoimentos e averiguar se tudo foi atendido no programa. Os programas de treinamento e desenvolvimento só atingem os objetivos se estiverem alinhados às expectativas dos participantes. Esse alinhamento gera engajamento.

- **Tempo de realização**: 15min iniciais e mais 30min para finalização.
- **Material**: Cartaz com o alvo desenhado, *post-it* ou etiquetas, canetas.
- **Local**: Sala e cadeiras.

Composição

- **Indicação**: Treinamento e desenvolvimento (composição de grupos menores para realização de atividades).
- **Resultado esperado**: Divisão do grupo de forma aleatória.
- **Desenvolvimento**: O coordenador oferece aos participantes do grupo alguma guloseima em embalagens de cores diferentes. Após todos escolherem uma delas, o coordenador deve informar que agora serão formados grupos menores de acordo com a cor da embalagem escolhida.

Obs.: Deve-se colocar o número certo de guloseimas já na proporção desejada de cores/grupos. Esta atividade é excelente para evitar a formação de grupos já existentes.

- **Tempo de realização**: 15min.
- **Material**: Balas, bombons ou pode ser realizada com qualquer guloseima.
- **Local**: Sala de treinamento.

Dança das cadeiras

- **Indicação**: Avaliação.
- **Resultado esperado**: Identificar como as pessoas se autoavaliam; se tiveram dificuldades de reconhecer pontos fortes e fracos; como foi a aceitação do restante do grupo a cada escolha etc.
- **Desenvolvimento**: O coordenador informa que todos participarão da dança das cadeiras, porém de forma diferente. Serão duas rodadas, uma com os pontos fortes e outra com os pontos fracos. As cadeiras já deverão estar preparadas com os cartões de pontos fortes expostos. É importante que o cartão seja fixado no encosto da cadeira para melhor visualização. O coordenador deve explicar que cada participante deve escolher o ponto forte que mais representa sua personalidade para se sentar. As cadeiras estarão dispostas em círculo, sendo o número de assentos menor do que o de participantes. Coloca-se uma música para tocar. Enquanto a música toca, todos os jogadores dançam em volta das cadeiras. Quando a música parar, cada um deve tentar ocupar um lugar. A cada rodada, o participante deve justificar sua escolha. O coordenador faz as devidas anotações e questiona o grupo se alguém deseja fazer alguma observação sobre a escolha do colega. O participante que não se identificar com o que está escrito nas cadeiras pode ficar em pé e explicar o motivo de não ter escolhido nenhuma cadeira. Caso isso ocorra, nessa rodada não é necessário a retirada da cadeira. Na segunda rodada, as cadeiras terão os pontos fracos expostos. A dinâmica se repete até restar apenas uma pessoa. As demais regras serão as mesmas da dança da cadeira tradicional. Ao final, o coordenador deve propor uma reflexão sobre a atividade.

Além do coordenador, é importante ter observadores ou se filmar a atividade para análise posterior.
- **Tempo de realização**: 1h.
- **Material**: Cadeiras, som e cartão (com qualidades e defeitos escritos).
- **Local**: Sala ampla.

Obs.: A dinâmica deve ser feita com grupos grandes, quantidade mínima de 20 pessoas. Quando os pontos fracos começam a aparecer, provavelmente acontecerá uma resistência dos participantes para a escolha.

Retorno

- **Indicação**: Avaliação de desempenho.
- **Resultado esperado**: Estimular a autoanálise, o *feedback* entre os colegas e a reflexão da imagem que passamos para os outros.
- **Desenvolvimento**: Esta atividade deve acontecer com pessoas que já se conhecem. O coordenador solicita que os participantes sentem em círculo, distribui uma folha para cada um e explica que cada qual deve colocar seu nome na folha, fazer uma autoanálise e depois avaliar os colegas. As matrizes devem ser preparadas antecipadamente. A dinâmica da atividade será da seguinte forma: cada participante irá receber a matriz, fazer os preenchimentos iniciais, passar sua matriz para o colega da direita e receber a do colega da esquerda. O objetivo é que todos sejam avaliados por todos. Será possível, com a atividade, identificar as afinidades, a paciência com a demora dos colegas, a reação dos *feedbacks* etc.
- **Tempo de realização**: 1h.
- **Material**: Cópias com a lista de exemplos de pontos fortes e fracos impressos, bem como uma tabela para as anotações.

- **Local**: Sala ampla com cadeiras.
- **Exemplos de pontos fortes**: Proatividade, humildade, iniciativa, criatividade, integridade, pontualidade, flexibilidade etc.
- **Exemplos de pontos fracos**: Negativismo, perfeccionista, dificuldade de falar em público, timidez, descontrole etc.

Eu (preencher com o nome):		
Feedback	Pontos fortes	Pontos fracos
Autoanálise		
Colega 1		
Colega 2		
Colega 3		
Colega 4		
Colega 5		
Colega 6		
Colega 7		
Colega 8		
Colega 9		
Colega 10		

Bingo da prevenção

- **Indicação**: Semana Interna de Prevenção de Acidentes de Trabalho (Sipat).
- **Resultado esperado**: A conscientização de todos para os temas relacionados à Sipat de forma lúdica e divertida.
- **Desenvolvimento**: Criam-se várias cartelas de bingo com símbolos relacionados à prevenção de

acidente e preservação de riscos à saúde. Utilizar as regras do bingo padrão. Para efetuar o sorteio, cria-se uma apresentação de PowerPoint com todos os símbolos e expõe-se num telão. (Também pode ser feito colocando os símbolos impressos em uma sacola e solicitando que alguém que não esteja jogando efetue o sorteio.) Apenas o coordenador saberá a cartela premiada, as outras cartelas devem ser entregues aos participantes por outra pessoa. A cada figura sorteada é importante comentar sobre as medidas de segurança e saúde imprescindíveis para manter um bom ambiente de trabalho.

- **Tempo de realização**: 1h.
- **Material**: Cartelas de bingo personalizadas e canetas.
- **Local**: Sala ampla com mesas e cadeiras.

Eu, quem?

- **Indicação**: Autoconhecimento.

- **Resultado esperado**: Promover um olhar para si mesmo, com consequente melhoria do autoconhecimento e desenvolvimento da autocrítica.

- **Desenvolvimento**: O coordenador distribui para todos os participantes um questionário e orienta que as perguntas devem ser respondidas de forma individual. Após o tempo estipulado, o coordenador sugere que cada um comente sua experiência vivenciada ao responder o formulário. Questiona qual foi a pergunta mais difícil e mais fácil, se foi interessante pensar nos temas sugeridos, se a reflexão foi proveitosa etc.

- **Tempo de realização**: 20min para responder o questionário e quanto tempo for necessário para a discussão, limitado a 2h.
- **Material**: Cópias dos questionários e carteiras escolares para todos.
- **Local**: Sala ampla.
- **Questionário** (pode ser alterado de acordo com a realidade de cada empresa):
  - Como você se descreve?
  - Qual o seu maior desafio hoje?
  - O que mais te encanta na sua profissão?
  - Quais são suas expectativas para o futuro?
  - Qual é o seu propósito?
  - Quais são as competências necessárias para ocupar o seu cargo?
  - Você tem essas competências?
  - Quais pontos você precisa melhorar?

Atividade cultural

- **Indicação**: Comunicação e engajamento.
- **Resultado esperado**: Melhoria da comunicação interna e trabalho em equipe com consequente melhoria do engajamento.
- **Desenvolvimento**: Trata-se de uma atividade externa. A ideia proposta para determinado grupo (aquele que tenha alguma dificuldade de interação, p. ex.) é que visite um museu ou show etc. As pessoas devem ir e voltar juntas e, ao término,

se reunir na empresa para o encerramento da atividade. Eles devem fazer observações sobre o evento, sobre o translado e como foi a experiência. O coordenador deve estimular esse momento de interação final, questionando se alguém descobriu algo do colega que não sabia, se já tinha ido ao local etc.

- **Tempo de realização**: O suficiente para ir e voltar, mais o tempo para a reflexão final, que pode ser no mesmo dia ou não.
- **Material**: Ingressos cortesia para a atividade.
- **Local**: Sala e cadeira para todos.

Obs.: Pode ser qualquer atividade cultural: cinema, teatro, *show*, exposição... o mais importante é o tempo de convívio com o colega.

O que eu tenho a ver com isso?

- **Indicação**: Melhoria da produtividade.
- **Resultado esperado**: Engajamento e foco na solução.
- **Desenvolvimento**: É indicado para ser realizado no início de um projeto ou para equipes que têm uma agenda intensa e interesses múltiplos entre seus membros. Cria-se um cenário onde os participantes indicam sobre quais tópicos gostariam de explorar. Eles devem escrever o tema em forma de pergunta ou título. Não é obrigatório que todos escrevam.

Em seguida, os temas são expostos para todos os participantes. Se houver tópicos semelhantes, o coordenador deve sugerir a junção dos mesmos. É importante ter diferentes abordagens. Para cada tema é importante ter ao menos três participantes no grupo para buscar as respostas e/ou soluções. A separação dos grupos pode acontecer por identificação com o tema

proposto. Os responsáveis pelos temas devem permanecer no local, até sanar todas as dúvidas dos grupos. Os membros dos grupos podem se deslocar para buscar mais informações sobre os temas. É importante incentivar a participação de todos.
- **Exemplos de temas propostos**:
  - É possível melhorar a eficiência da produção no primeiro turno?
  - Quais ações podem ser eficazes para a diminuição do absenteísmo?
- **Tempo de realização**: No máximo 2h.
- **Material**: Bloco de *flip chart*, folhas de A4 e canetas para todos.
- **Local**: Sala ampla com cadeiras para todos.

Obs.: A atividade proposta é baseada na ideia de que funcionários são mais produtivos quando estão envolvidos genuinamente com suas atribuições.

Trabalho em equipe

O trabalho em equipe significa agrupar pessoas com competências diversas e complementares para desenvolver ações que visam um só propósito. Quando trabalham em equipe, os profissionais trocam experiências entre si, trazem novas ideias que geram maior lucratividade para as empresas.

Tapete mágico

- **Indicação**: Trabalho em equipe.
- **Resultado esperado**: Avaliar como as pessoas trabalham juntas. Estimular o espírito colaborativo.
- **Desenvolvimento**: Para esta atividade, forme duplas com os participantes. Em um canto da sala deve estar um lindo presente que será o objeto de desejo dos participantes. Cada dupla deve receber um tapete e ser orientada à chegada do outro lado da sala, para pegar o presente. Ganha a dupla que chegar primeiro ao presente. O coordenador explica que as duplas devem ficar em cima do tapete e usá-lo para chegar ao objetivo. Não se pode colocar o pé no chão, arrastar e nem cortar o tapete. Nenhuma outra orientação deve ser passada aos participantes.

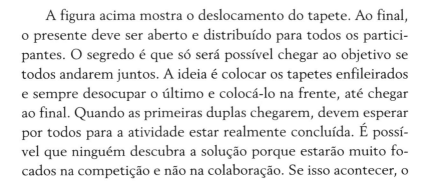

A figura acima mostra o deslocamento do tapete. Ao final, o presente deve ser aberto e distribuído para todos os participantes. O segredo é que só será possível chegar ao objetivo se todos andarem juntos. A ideia é colocar os tapetes enfileirados e sempre desocupar o último e colocá-lo na frente, até chegar ao final. Quando as primeiras duplas chegarem, devem esperar por todos para a atividade estar realmente concluída. É possível que ninguém descubra a solução porque estarão muito focados na competição e não na colaboração. Se isso acontecer, o

coordenador deve encerrar a atividade e explicar o que deveria ser feito para concluir o solicitado.
- **Tempo de realização**: 30min.
- **Material**: Tapetes pequenos ou toalhas de rosto e o presente.
- **Local**: Sala ampla.

Jornada incrível

- **Indicação**: Desenvolvimento da empatia.
- **Resultado esperado**: Identificar que tipo de experiência a empresa está oferecendo aos seus colaboradores, se há identificação de propósito entre os próprios colegas e deles com a organização etc. E fazer com que os participantes se inspirem com as histórias dos colegas.
- **Desenvolvimento**: Solicite de forma antecipada a cada participante que faça um relato sobre ele mesmo e a empresa. Pode citar o nome de algum colega, porém deve ser de forma respeitosa. O relato deve conter momentos significativos, experiências, aprendizados, recordações etc. Este deve ser enviado ao coordenador na data solicitada. Com os depoimentos em mãos, selecione os mais engraçados, inspiradores etc., para a leitura. Convide todos os participantes para um café da manhã e leia os relatos, depois questione se alguém conhece o autor de cada depoimento. Se ninguém descobrir, o autor deve ser revelado. Sugira que os participantes falem sobre o que chamou sua atenção de tudo que foi lido.
- **Tempo de realização**: 30min.
- **Material**: Itens para o café da manhã.
- **Local**: Sala ampla.

Jogo de varetas organizacional

- **Indicação**: Melhorar/otimizar o trabalho em equipe.
- **Resultado esperado**: Através da analogia, identificar perfis/atitudes que fazem parte da rotina do trabalho em equipe.

- **Desenvolvimento**: O grupo deve ser dividido em equipes menores (de até 5 pessoas no máximo). O coordenador informará a todos que o desafio será construir uma fogueira. As regras são:

1) cada grupo deve eleger um líder;

2) o líder deve solicitar o material ao coordenador;

3) a equipe deve conferir o material recebido;

4) cada fogueira deve ter pelo menos 4 varetas de cores diferentes, sendo 7 no total;

5) se não tiver a quantidade necessária, terá que conseguir com os times adversários;

6) as varetas que sobrarem em cada time serão descontadas da soma final.

Será vencedor o time que montar a fogueira corretamente e com a maior pontuação:

- Verde = 5
- Azul = 10
- Amarelo = 15
- Vermelho = 20
- Preto = 50

O coordenador deve preparar os kits de forma antecipada (varetas e jornal picado). Exemplo de kits para um grupo de 25 participantes que formarão 5 grupos com 5 pessoas:

- Grupo 1 – 8 varetas verdes e 1 vareta preta;
- Grupo 2 – 12 varetas amarelas;
- Grupo 3 – 1 vareta preta e 9 varetas azuis;
- Grupo 4 – 3 varetas azuis e 4 varetas verdes;
- Grupo 5 – 12 varetas vermelhas;
- Jornal para todos.

Não ficará claro para cada grupo como eles devem conseguir as varetas que faltam porque é justamente nessa negociação que características pessoais serão observadas. O coordenador deverá estar atento, depois citar os comportamentos observados e abrir para comentários dos participantes. Destacar, por exemplo, atitudes isoladas, liderança, trabalho em equipe, decisão em consenso, delegação de tarefas etc.

- **Tempo de realização**: 1:30h.
- **Material**: Vários jogos de varetas e jornal velho.
- **Local**: Sala ampla com mesas.

Legado

- **Indicação**: Incentivar/melhorar o trabalho em equipe.
- **Resultado esperado**: Uma autoanálise sobre cooperação, partilha e criatividade.
- **Desenvolvimento**: Oportunizar aos participantes uma experiência sensorial. Com um grupo de pessoas que já se conhecem,

disponibilize em uma mesa no centro da sala uma grande quantidade de massinhas de modelar. Solicite apenas que os participantes criem livremente qualquer objeto com as massinhas. Se houver alguma pergunta, apenas responda que são livres. Ao terminar, reunir o grupo, pedir para cada participante fazer uma autoavaliação e expor as peças. Eles devem eleger a peça mais criativa, mais original, aquela que apresentou o maior simbolismo etc. Sugere-se uma reflexão sobre o legado que se quer deixar.

- **Tempo de realização**: 1h.
- **Material**: Massinhas de modelar de várias cores (também pode ser utilizada argila) e mesa.
- **Local**: Sala ampla.

Obs.: É importante observar se alguém sugeriu a divisão das massinhas em partes iguais, se alguém pegou muita quantidade sem pensar nos outros, se houve a ideia do trabalho em equipe para a construção de um projeto maior, se houve alguém que não conseguiu criar nada etc.

O desafio da torre

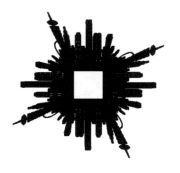

- **Indicação**: Trabalho em equipe.
- **Resultado esperado**: Melhoria do trabalho em equipe, solidariedade e partilha.
- **Desenvolvimento**: O coordenador separa o grupo em subgrupos de 5 pessoas e explica a atividade. Cada subgrupo receberá um kit de materiais para o desenvolvimento

de 15 cubos, porém o kit será diferente para cada grupo. Cada grupo deve construir 15 cubos de 5cm x 5cm e empilhar para formar a torre. Admite-se formar 2 torres, porém o grupo ganhador será aquele que formar a maior torre em menos tempo. O segredo da dinâmica é compartilhar o material e a organização da equipe para as atividades.

- **Tempo de realização**: O necessário, limitado a 2h.
- **Material**: Cronômetro e o material dos grupos:
    - Kit 1: 2 cartolinas, 1 régua, 2 lápis, 3 tesouras, 1 cola e 1 borracha.
    - Kit 2: 2 cartolinas, 2 réguas, 3 lápis, 1 tesoura, 1 cola e 1 fita adesiva.
    - Kit 3: 3 cartolinas, 1 régua, 2 lápis, 2 tesouras e 2 colas.
- **Local**: Sala ampla com mesas e cadeiras.

Obs.: É importante fazer uma reflexão final sobre as dificuldades, atitudes dos participantes, e se houve o trabalho em equipe ou virou uma competição.

Pitch desafio

- **Indicação**: Trabalho em equipe e empatia.
- **Resultado esperado**: Melhoria da comunicação, do trabalho em equipe e desenvolvimento da empatia.
- **Desenvolvimento**: O coordenador separa o grupo em duplas de setores diferentes da empresa. Cada dupla deve conversar sobre os respectivos setores do qual fazem parte, elencando quais são as entradas e saídas dos processos cotidianos (p. ex.: receber matéria-prima do setor "X" e fornecer produto acaba-

do para o setor "Y"). Após esse tempo de conversa, cada um apresentará o *pitch*[5] do setor do outro. E assim sucessivamente, até todos apresentarem. O coordenador deve estimular que os participantes comentem sobre suas dificuldades na realização da tarefa, se descobriram algo curioso referente ao setor do colega, se houve o desenvolvimento da empatia etc.

- **Tempo de realização:** O necessário, limitado a 2h.
- **Material:** Não será necessário.
- **Local:** Sala ampla com mesas e cadeiras.

Lição

- **Indicação:** Trabalho em equipe.
- **Resultado esperado:** Que os participantes consigam reestruturar situações negativas em experiências de aprendizagem em conjunto.

- **Desenvolvimento:** O coordenador separa o grupo em duplas e explica que cada um deve compartilhar com o seu par uma experiência negativa vivenciada na empresa ou na vida pessoal. A atividade prevê que cada participante fale dessa experiência e o seu parceiro deve buscar aspectos positivos da vivência mencionada. Após o tempo estipulado, os papéis se invertem. O participante que contou a experiência negativa deve analisar a experiência do outro. No final, o coordenador deve estimular que todos comentem o que aprenderam nesta atividade. O coordenador deve estimular a reflexão sobre como temos perspectivas diferentes em situações semelhantes, também sobre a dificuldade de se colocar no lugar do outro, sobre o desenvolvimento da empatia etc.

---

5. *Pitch* é uma apresentação rápida de um produto ou serviço com a intenção de vender a ideia para possíveis compradores.

- **Tempo de realização**: Cada um terá 10min para contar a experiência negativa e 15min para apontar aspectos positivos. Será necessário um tempo de reflexão no final, que será estipulado de acordo com o tamanho do grupo.
- **Material**: Não será necessário.
- **Local**: Sala ampla com mesas e cadeiras.

Obs.: Empatia significa a capacidade psicológica para sentir o que sentiria uma outra pessoa caso estivesse na mesma situação vivenciada por ela. Consiste em tentar compreender sentimentos e emoções, procurando experimentar de forma objetiva e racional o que sente o outro indivíduo.

Dança A2

- **Indicação**: Trabalho em equipe.
- **Resultado esperado**: Desenvolvimento da confiança mútua.
- **Desenvolvimento**: Em um grupo da mesma empresa, o coordenador separa os participantes em duplas e venda os olhos de um. O outro deve conduzir o parceiro em uma música. O coordenador coloca uma música animada e explica que as duplas devem dançar a dois e desviar dos obstáculos e demais duplas. É importante fazer pelo menos duas rodadas, para que os papéis se invertam. Para formar as duplas é interessante fazer sorteio, a fim de que não fiquem sempre os mesmos pares. Para esta atividade as duplas podem ser do mesmo sexo. Se houver alguma resistência dos participantes por esse motivo, o coordenador deve usar o momento também para fazer uma reflexão sobre o preconceito e como isso pode atrapalhar o trabalho. Para que o trabalho em equipe possa acontecer, é importante ter confiança no trabalho

do outro e esta atividade lúdica preconiza isso. O que importa é o desenvolvimento da confiança e não o saber dançar em si.
- **Tempo de realização**: em média 1h.
- **Material**: Vendas para os olhos, aparelho de som e pufs para servir de obstáculos.
- **Local**: Sala ampla.
- **Sugestão**: Pratiquem dança de salão! Excelente atividade para o desenvolvimento das habilidades sociais, ajuda no combate à timidez, sem falar nos benefícios para a saúde física e mental.

Onde me encaixo?

- **Indicação**: Trabalho em equipe e sensibilização para o desenvolvimento da empatia.
- **Resultado esperado**: Visão sistêmica.
- **Desenvolvimento**: O coordenador, de forma prévia, deve elaborar um quebra-cabeça gigante e dividir as peças. Para facilitar a montagem, é importante montar um tabuleiro na parede ou em uma mesa grande. A imagem ilustrativa do jogo deve ser alusiva à empresa. É indicado ter saídas e entradas de cada departamento. Os participantes devem encontrar a sua peça e encaixá-la no tabuleiro. Depois que todos conseguirem encaixar suas peças, é válido o coordenador estimular uma reflexão sobre a importância de cada trabalho e os reflexos no resultado da empresa. Como forma de ilustrar a atividade, o coordenador pode retirar de forma proposital algumas peças.

- **Tempo de realização**: Em média 1h.
- **Material**: Tabuleiro do jogo e peças do quebra-cabeça.
- **Local**: Sala ampla.

Obs.: A visão sistêmica é de suma importância para que, ao tomar uma decisão, o indivíduo seja capaz de avaliar não só a sua necessidade imediata, mas as consequências e impactos que sua atitude pode gerar em todas as demais áreas da organização.

Posso ajudar?

- **Indicação**: Trabalho em equipe.
- **Resultado esperado**: Melhoria do trabalho em equipe, desenvolvimento da empatia e sensibilização para o engajamento genuíno.
- **Desenvolvimento**: O coordenador distribui para todos uma folha com o seguinte questionamento: "O que lhe incomoda na sua equipe? E o que está ao seu alcance fazer para melhorar?" Para que haja de fato sinceridade nas respostas, todos devem responder, mas não precisam se identificar. Depois que todos fizerem o preenchimento, o coordenador deve distribuir as folhas novamente entre os participantes de forma aleatória e solicitar que as respostas sejam lidas em voz alta. Ao final, é importante fazer uma reflexão sobre todos os pontos que foram levantados e as possíveis soluções.
- **Tempo de realização**: Em média 1h.
- **Material**: Folhas A4 e canetas para todos.
- **Local**: Sala ampla com cadeiras e mesas.

Performance

Refere-se a atitudes, comprometimento e objetivos. Dedicar-se à alta *performance* pode significar avanço na carreira. Esteja preparado!

Mapa do tesouro

- **Indicação**: Mapeamento de competências.
- **Resultado esperado**: Identificar por quais competências os colaboradores são reconhecidos pelos demais membros da equipe de trabalho.
- **Desenvolvimento**: O organizador deve explicar aos participantes que dentro da caixinha do mapa do tesouro existem várias competências definidas que servirão para se alcançar o tão esperado tesouro: sucesso profissional (simbolicamente representado pelo presente). Ele inicia a atividade com o presente nas mãos, sorteando uma competência e dizendo (sugestão): "Caros, eu gostaria de aproveitar este momento para presentear uma pessoa que tem muita criatividade (se essa competência tiver sido sorteada antes)". Lê a definição da competência sorteada, escolhe a pessoa e entrega o presente. Quem recebeu o presente sorteia mais uma competência e, a partir daí, cada um vai sorteando uma competência da caixinha e passando o presente adiante até que atinja todos os participantes. Ao final, o último que receber o presente deve abri-lo e distribuir o conteúdo para todos.
- **Tempo**: O que for necessário.
- **Material**: Um presente de fácil manejo (sugestão: guloseimas em quantidade suficiente para todos os participantes) e uma caixinha com as competências e suas definições.
- **Sugestões de competências**: Liderança, automotivação, trabalho em equipe, criatividade, comunicação eficaz, capacidade de negociação, adaptabilidade, busca por conhecimento, bom humor, relacionamento interpessoal, flexibilidade, autocon-

fiança, empatia, controle emocional, resiliência, ética, comprometimento, proatividade etc.
- **Local**: Os participantes devem estar em pé e em círculo.

Obs.: Cada empresa deve utilizar as competências que melhor se adequem à sua realidade e ao seu planejamento estratégico. O organizador deve observar tudo e fazer anotações do que for comentado. Se preferir, pode fazer uma gravação para melhor aproveitamento do conteúdo. Todo material produzido nessas observações será utilizado pelo RH para o mapeamento das competências.

O time

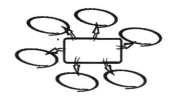

- **Indicação**: Avaliação de desempenho.
- **Resultados esperados**: Identificar lideranças situacionais, pessoas com afinidades, grupos de confiança mútua, grupos informais etc., importantes para validar o processo de avaliação de desempenho formal.
- **Desenvolvimento**: Dinâmica a ser feita com grupo de pessoas que se conheçam. Distribui-se um pedaço de papel e caneta para cada componente do grupo. Cada um deve responder às seguintes perguntas:

    - No caso de uma reestruturação da sua equipe, e se você tivesse que escolher pessoas deste grupo para trabalhar nela, quem você escolheria? Justifique.
    - Se você fosse o técnico de um time de voleibol, quem deste grupo ficaria no banco de reservas? E por quê?
    - Quem você escolheria para organizar uma festa com você? Justifique.

- No caso de uma viagem a trabalho, quem você não levaria? Justifique.
- Quem você escolheria para ser o seu líder? Por quê?

Obs.: O facilitador deve orientar que para cada pergunta só uma pessoa pode ser indicada como resposta. Se necessário, acrescente novas questões, porém as perguntas devem ser elaboradas com o fim específico, mas não devem ser diretas para o fim proposto e sim para situações comparativas.

• **Tempo**: De 20seg a 60seg para responder cada pergunta.
• **Material**: Papel e caneta.
• **Local**: O ideal é colocar os participantes sentados em círculo para facilitar a visão do grupo todo.

Jogo das competências

• **Indicação**: Implantação da matriz de competências.

• **Resultado esperado**: Disseminar as competências requeridas pela empresa. Estimular a memorização e a reflexão sobre cada competência.

• **Desenvolvimento**: Antes da dinâmica, o coordenador prepara os cartões com as competências e suas definições. O desafio de cada participante é memorizar cada competência e sua respectiva definição. Será vencedor quem memorizar o maior número de cartas (competências).

• **Sugestões de competências**: Liderança, automotivação, trabalho em equipe, criatividade, comunicação eficaz, capacidade de negociação, adaptabilidade, busca por conhecimento, bom humor, relacionamento interpessoal, flexibilidade, autoconfiança, empatia, controle emocional, resiliência, ética, comprometimento, proatividade etc.

- **Regras**: Todas as peças ficam viradas para baixo. Cada jogador deve, na sua vez, desvirar duas cartas (competência e descrição) de cada vez, procurando os pares. Se acertar, pode tentar de novo. Para saber quantos pares colocar no jogo, basta ver quantos são os jogadores e colocar 2 pares por participante.
- **Tempo de realização**: 30min (pode variar em função do tamanho do grupo).
- **Material**: Jogo da memória adaptado em cartas com competências e cartas com descrições das competências.
- **Local**: Sala ampla/mesa ampla.

FIB organizacional

- **Indicação**: Refletir sobre políticas de remuneração (salário emocional).
- **Resultado esperado**: Que a empresa consiga identificar o que realmente agrega valor para os seus colaboradores.
- **Desenvolvimento**: Reunir pessoas – de preferência do mesmo setor ou com funções equivalentes – e solicitar que cada qual preencha o formulário indicando as preferências individuais. As pessoas têm necessidades distintas e, por isso, sua percepção de valor também é diferente, mesmo em pessoas do mesmo setor. É preciso avaliar esta condição também. Ao final, é importante sugerir que as respostas sejam compartilhadas com o grupo todo.
- **Tempo de realização**: 1h ou conforme a necessidade.
- **Material**: Formulário (modelo abaixo).
- **Local**: Sala ampla com mesas e cadeiras.

Obs.: Os formulários devem ser analisados pelo RH da organização para adequação do pacote de benefícios. Precisamos dar mais atenção à "Felicidade Interna Bruta (FIB)"[6], pois as situações que despertam sensações positivas geram bem-estar e impulsionam a satisfação pessoal, atraindo cada vez mais pessoas. Existem coisas que o dinheiro não compra. As emoções são responsáveis por trazer tudo o que o dinheiro não é capaz de comprar.

No seu dia a dia, o que é mais importante?	
Enumere a primeira coluna considerando 1 como o mais importante e 17 como o menos importante:	
( )	Oportunidades de desenvolvimento profissional
( )	Oportunidades de progressão na carreira
( )	Reconhecimento do trabalho
( )	Ambiente de trabalho positivo
( )	Autonomia
( )	Desafios do cargo ocupado
( )	Conteúdo enriquecedor da função desempenhada
( )	Sentir-se parte da organização onde se trabalha
( )	Programas de lazer
( )	Transparência nas relações
( )	Flexibilidade na rotina organizacional
( )	Ações em datas comemorativas
( )	Oportunidade de estímulo e criatividade
( )	Amar o que faz
( )	Ser ouvido nas decisões da empresa
( )	Gostar das pessoas com quem trabalha
( )	Outros: _____

---

6. O indicador foi criado pelo rei butanês no ano de 1972 como uma forma de indicar o crescimento do país, sem considerar apenas o aspecto econômico, mas levando em consideração conceitos culturais, psicológicos, espirituais e ambientais (fonte: https://www.infoescola.com/sociedade/felicidade-interna-bruta-fib).

Soft skills – O jogo

- **Indicação**: Mapeamento de competências (personalidade e comportamento).
- **Resultado esperado**: O mapeamento das *soft skills* organizacionais e clareza do que cada uma representa para a função/setor no atendimento de suas metas estratégicas.
- **Desenvolvimento**: Reunir os gestores e diretores da empresa para um momento de reflexão sobre o que se deseja em termos de personalidade e comportamento dos colaboradores. Com o mercado de trabalho mais competitivo, surgem novas especializações. As *soft skills* são habilidades particulares e que não se aprendem na escola. Na verdade, são habilidades que nascem com a criação, educação, cultura e experiência de cada pessoa. É importante para essa reflexão que se tenha em mente o planejamento estratégico da organização, seus objetivos e metas. Tudo deve estar alinhado. Após a definição, sugere-se criar cartões com as habilidades e outros com os comportamentos observáveis de cada uma para que se façam as devidas correlações. O jogo será útil para esclarecer possíveis dúvidas. A forma lúdica facilita a absorção do conteúdo. Recomenda-se aplicar o jogo para todos os níveis hierárquicos da organização.
- **Tempo de realização**: O que for necessário.
- **Material**: Cartões com as *soft skills* da empresa.
- **Local**: Sala onde todos possam ficar sentados em círculo.

- **Exemplos:**

Soft skills	Descrição
Comunicação eficaz	A comunicação verdadeira e eficaz inclui a transmissão e a interpretação das ideias de uma forma que se consiga passar para outra pessoa exatamente o que se está querendo dizer.
Pensamento criativo	O tipo de criatividade requisitada por grande parte das profissões é algo que pode ser aperfeiçoado com a prática.
Resiliência	É a capacidade de se recuperar depois de enfrentar adversidades.
Empatia	É a capacidade de se colocar no lugar de outra pessoa de forma que se consiga compreender o próximo e quase sentir o que ele sente.
Liderança	Conquistar a liderança e saber manuseá-la faz funcionários trabalharem como um time, assumirem responsabilidades e, ainda, conseguirem explorar o melhor das pessoas.
Ética no trabalho	A ética é um aprendizado da vida e engloba tanto a postura em relação à pontualidade quanto a responsabilidade com o trabalho de maneira geral.

Fonte: fragmento da coluna "Carreiras", da *Forbes* (disponível em https://forbes.uol.com.br/carreira/2017/07/6-soft-skills-mais-requisitadas-pelo-mercado/#foto60).

O mágico

- **Indicação**: Identificação de protagonistas organizacionais.

- **Resultado esperado**: Estimular o autoconhecimento, promover a discussão sobre o tema e identificar quem são os protagonistas e coadjuvantes dos setores ou da empresa.

- **Desenvolvimento**: Este exercício pode ser feito com toda a empresa, ou apenas com alguns setores ou pessoas. Reúna as pessoas e peça para que cada uma responda as perguntas de acordo com o seu dia a dia na organização. Caso houver tempo e se queira ilustrar a dinâmica, sugere-se passar, após o término da atividade, fragmentos do filme O *mágico de* Oz.

A analogia com o filme sugere algumas reflexões:

- Dorothy – é necessário ter um propósito de vida, para assim conseguir fazer um planejamento, implementá-lo e assumir a responsabilidade pelos resultados;

- Homem de lata – ter um coração (sensibilidade) para assumir o controle sobre nossos atos e comportamentos;

- Leão – é preciso ter coragem para enxergar as coisas como realmente são, nos libertando da sensação de impotência diante da realidade;

- Espantalho – ter um cérebro para encontrar as soluções e mover os obstáculos.

Os personagens estavam em busca de algo aparente impossível, no entanto, tudo o que procuravam já tinham... Muitas vezes ficamos perdidos, sem coragem, distraídos e paralisados como os personagens, mas no fundo o que precisamos é reconhecer nosso próprio valor. Por mais que outras pessoas digam, precisamos experimentar para nos tornarmos protagonistas da nossa própria vida e quebrar o ciclo de vitimização.

- **Tempo de realização**: 2h.
- **Material**: Questionário, filme O *mágico de* Oz e aparelho para exibir o filme.
- **Local**: Sala ampla com cadeiras para todos.

Em regra geral, os protagonistas terão maior número de respostas na coluna B. Esse resultado não deve ser considerado de forma isolada e, sim, combinado a outras ferramentas de avaliação comportamental.

Obs.: Ressaltamos que empresas que têm profissionais protagonistas conseguem economizar custos de gestão, maximizar o nível de satisfação no clima organizacional e reduzir investimentos em capacitação.

- **Questionário:**

Questões	Coluna A	Coluna B
Como você "lida" com os obstáculos, frustrações, dores etc. no dia a dia?	( ) Se considera vítima da situação.	( ) Identifica o problema, encontra alternativa, toma decisão e assume as consequências.
Na empresa...	( ) É influenciado.	( ) Influencia.
Em caso de erro ou omissão	( ) Arruma desculpas e justificativas.	( ) Assume a responsabilidade e aprende.
Na sua vida, você é...	( ) Coadjuvante, não faz parte das decisões.	( ) Protagonista, está no centro do palco, assume o papel principal.
Você se conhece?	( ) Não.	( ) Sim.
No dia a dia, suas ações são para...	( ) Se sentir bem.	( ) Ser bom com o próximo.
Em relação à sua rotina, acha que...	( ) É cansativa.	( ) Poderia fazer algo mais.
Conhece seus limites?	( ) Não, e por isso me envolvo em situações de conflito.	( ) Sim, e me mantenho em movimento para expandi-los.
Você age...	( ) Reativamente, por impulso.	( ) De forma consciente.
Com qual personagem de O mágico de Oz você se identifica? Escolha apenas um.	( ) Espantalho.	( ) Homem de lata.
	( ) Leão.	( ) Dorothy.
Total (some quantas respostas há em cada coluna):	**( )**	**( )**

Quiz das competências

- **Indicação**: Gestão por competências.
- **Resultado esperado**: Divulgar e criar um ambiente propício para que o tema das competências seja debatido de forma saudável. Através do jogo, a memorização do tema acontecerá de forma indireta, gerando menos resistências por parte dos colaboradores.
- **Desenvolvimento**: Após a implantação do modelo de gestão por competência, é necessário fazer uma divulgação das competências requeridas pela empresa para que os colaboradores tenham ciência das mesmas. É muito importante que as competências e suas respectivas definições sejam amplamente divulgadas. É indicado que se faça a divulgação semanal de cada competência e se aplique um *quiz* para que todos fixem os conceitos.
- **Tempo de realização**: Indeterminado.
- **Material**: Formulário do *quiz* e um brinde simbólico.
- **Local**: Pode ser realizado em qualquer local da empresa.
- **Sugestão de competências**: Iniciativa, conhecer a si mesmo, coragem, proatividade, desenvolver pessoas, disposição para servir, criatividade, cooperação, flexibilidade etc.

Obs.: A cada *quiz* respondido corretamente, o colaborador vai acumulando pontos para trocar por prêmios/brindes no final da campanha.

QUIZ DA COMPETÊNCIA

DISPOSIÇÃO EM SERVIR
EMBARALHADA

Ordene as letras e forme palavras:

ONMTOEHIECNC	⬜⬜⬜⬜⬜⬜⬜⬜⬜⬜⬜⬜
RADUAJ	⬜⬜⬜⬜⬜⬜
TASIQUNCO	⬜⬜⬜⬜⬜⬜⬜⬜⬜
AANCNFCOI	⬜⬜⬜⬜⬜⬜⬜⬜⬜
DAILQDEUA	⬜⬜⬜⬜⬜⬜⬜⬜⬜
CIENOMTONALRAE	⬜⬜⬜⬜⬜⬜⬜⬜⬜⬜⬜⬜⬜⬜
OEFSRÇO	⬜⬜⬜⬜⬜⬜⬜
ENGCÓOI	⬜⬜⬜⬜⬜⬜⬜
RIALPMA	⬜⬜⬜⬜⬜⬜⬜
ERRIVS	⬜⬜⬜⬜⬜⬜
ETNICEL	⬜⬜⬜⬜⬜⬜⬜
DIDEACESESN	⬜⬜⬜⬜⬜⬜⬜⬜⬜⬜⬜
USACB	⬜⬜⬜⬜⬜

Nome: _____
Matrícula: _____
Data: _____

Solução na p. 93.

QUIZ DA COMPETÊNCIA

INICIATIVA
ACRÓSTICO

A partir da palavra em destaque, preencha o acróstico e descubra algumas palavras-chave da competência iniciativa:

~~Iniciativa~~ / Age / Prevê / Antecipa-se / Motivo / Criar / Crise / Rapidamente / Inesperado / Imediato / Pró-ativa

Nome: _____
Matrícula: _____
Data: _____

Solução na p. 94.

QUIZ DA COMPETÊNCIA

LIDERAR PESSOAS
CRUZABOX

Partindo do exemplo impresso, preencha o diagrama de palavras cruzadas com os vocábulos desta relação

Comportamento / Impacto / Direção / ~~Liderança~~ /
Eficácia / Habilidade / Credibilidade / Compartilhar /
Recursos / Criar / Acreditar / Indivíduo / Equipe / Unir /
Desempenho / Respeito / Agir

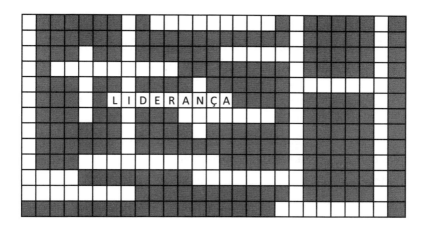

Nome: _____
Matrícula: _____
Data: _____

Solução na p. 94.

Qual o seu problema?

- **Indicação**: Melhoria da *performance* e comprometimento.
- **Resultado esperado**: Criar soluções disruptivas para os problemas do dia a dia.

- **Desenvolvimento**: Em grupo de pessoas do mesmo setor ou área da empresa, separe-as em times menores para a realização da atividade. O coordenador deve ter ciência do problema a ser tratado na atividade e propô-lo para os pequenos times. Cada time terá a missão de propor soluções criativas para as situações relatadas. Essas propostas devem ser embasadas em fatos reais. Cada time terá no máximo 5 componentes. Após o tempo de discussão, cada proposta deve ser apresentada por um integrante para os outros participantes. Eles podem concordar ou discordar e devem justificar a sua opinião. Com certeza, não atingirão consenso em tudo, mas o objetivo principal é o alinhamento das ações.
- **Tempo de realização**: 20min para reunião dos pequenos times e até 2h para a atividade completa.
- **Material**: Canetas, blocos de rascunho, mesas e cadeiras.
- **Local**: Sala ampla.
- **Sugestões de situações-problema**:

    - Quais produtos da empresa devem ser ofertados com preços promocionais em determinada campanha?

    - Qual o horário mais adequado para o atendimento aos clientes?

    - Quais produtos precisam de readequação para atender às necessidades atuais dos clientes?

Varal do autoconhecimento

- **Indicação**: Construção de relacionamentos.
- **Resultado esperado**: Melhoria do relacionamento interpessoal com consequente melhoria da *performance* individual.
- **Desenvolvimento**: Esta dinâmica é ideal para que os participantes conheçam as preferências dos colegas. É interessante que essa dinâmica seja aplicada com pessoas que trabalham juntas. O coordenador prepara de forma antecipada desenhos de peças de roupa para que seja preenchido pelos participantes.

Nesse formulário deve conter nome, preferências pessoais (cor, comida etc.), data de aniversário, pontos a melhorar etc. Depois que todos fizerem o preenchimento, o coordenador deve sugerir que as peças sejam penduradas no varal e que uma análise seja feita sobre cada uma. Trata-se de uma ótima atividade para promover uma reflexão sobre relacionamento interpessoal e ajudar as pessoas a se conhecerem melhor. A reflexão deve ser sobre tolerância, respeito às diferenças, empatia etc. Ao escrever, o próprio colaborador também fará uma autorreflexão sobre si mesmo, o que também é benéfico para o desenvolvimento da equipe. É importante ressaltar que um ambiente harmonioso é saudável para a produtividade da equipe e a melhora da *performance* pessoal. Esta atividade faz uma alusão à expressão "roupa suja se lava em casa". Deve-se destacar que o bom convívio é responsabilidade de todos.

- **Tempo de realização**: 30min para o preenchimento e mais 30min para as análises.
- **Material**: Formulários e canetas.
- **Local**: Sala ampla com mesas e cadeiras.

Minha melhor versão

- **Indicação**: Desenvolvimento do autocuidado (*self-care*).
- **Resultado esperado**: Melhoria da *performance*.
- **Desenvolvimento**: A empresa proporciona um dia de autocuidado para os colaboradores. Nesse dia, além das atividades, é importante promover uma roda de conversas. E estimular uma autorreflexão sobre atividades que proporcionam prazer, realização, relaxamento etc. Quando o colaborador está fazendo algo que lhe dá prazer, deve-se manter o mais conectado possível com a vivência. Para que o autocuidado realmente atinja seu objetivo principal, não pode estar relacionado a uma rotina rígida. Os momentos de autocuidado devem ser descontraídos, relaxantes e prazerosos. É importante fazer algo de que realmente se goste, pois a atividade deve-lhe fazer sentir a melhor versão de si mesmo. O coordenador deve ser um facilitador nessa reflexão. A empresa pode propor algumas atividades iniciais e depois ir adequando-as aos participantes. As atividades devem ter também uma correlação com temas que a empresa queira desenvolver com os colaboradores etc. Autocuidado significa ter alimentação, descanso e fazer exercícios adequados para sua faixa etária e condição física. E também não cometer excessos. Cuidar da saúde mental é tão importante quanto cuidar da saúde física.
- **Tempo de realização**: De um dia a uma semana.
- **Material**: De acordo com cada atividade.
- **Local**: Sala ampla.

Obs.: Sugestão de atividades: massagens relaxantes, aula de dança, sessão de beleza (cabeleireiro, barbeiro, manicure, limpeza de pele etc.), aula de culinária, de organização etc. Estas atividades podem estar associadas à Sipat.

Aquilo que escuto eu esqueço,
Aquilo que vejo eu lembro,
Aquilo que faço eu aprendo.

Confúcio

Soluções

P. 36 – Questões para análise da manchete

H | H | H | AV | AV | SE | H | SE | SE | H

P. 85 – Quiz da competência - Disposição em servir

ONMTOEHIECNC	CONHECIMENTO
RADUAJ	AJUDAR
TASIQUNCO	CONQUISTA
AANCNFCOI	CONFIANÇA
DAILQDEUA	QUALIDADE
CIENOMTONALRAE	RELACIONAMENTO
OEFSRÇO	ESFORÇO
ENGCÓOI	NEGÓCIO
RIALPMA	AMPLIAR
ERRIVS	SERVIR
ETNICEL	CLIENTE
DIDEACESESN	NECESSIDADE
USACB	BUSCA

P. 86 – Quiz da competência - Iniciativa

P. 87 – Quiz da competência - Liderar pessoas

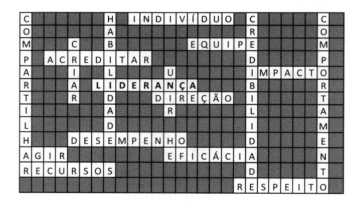

Referências

BAUM, L.F. *O mágico de Oz*. São Paulo: Companhia Editora Nacional, 2015.

CANO, B. *Ética* – Arte de viver, alegria de não estar só. Vol. 2. São Paulo: Paulinas, 2004.

CASTILHO, Á. *Liderando grupos* – Um enfoque gerencial. Rio de Janeiro: Qualitymark, 1999.

CONNORS, R.; SMITH, T. & HICKMAN, C. *O princípio de Oz* – Como usar o *accountability* para atingir resultados excepcionais. São Paulo: HSM, 2017.

CORDEIRO, J. *Accountability* – A evolução da responsabilidade pessoal nas empresas. São Paulo: Évora, 2013.

COSTA, E.P. *Técnicas de dinâmica* – Facilitando o trabalho com grupos. 5. ed. Rio de Janeiro: Wak, 2012.

CHIAVENATO, I. *Treinamento e desenvolvimento de recursos humanos* – Como incrementar talentos na empresa. 3. ed. São Paulo: Atlas, 2003.

MATOS, G.G. *Comunicação empresarial sem complicação*. 3. ed. São Paulo: Manole, 2014.

MOSCOVICI, F. *Desenvolvimento interpessoal* – Treinamento em grupo. Rio de Janeiro: José Olímpio, 2002.

RICIERI, M. *Dinâmica, técnicas e jogos vivenciais* – RH. São Paulo: Pearson Prentice Hall, 2009.

Links/sites consultados:
www.administradores.com.br
www.sbdg.org.br (Sociedade Brasileira de Dinâmica de Grupo)
https://pt.slideshare.net/danielasipert/110-dinamicas-de-grupo
www.portaleducacao.com.br/
https://www.edools.com/soft-skills/
https://www.rhportal.com.br/artigos-rh/rh-tradicional-vs-rh-4-0/
https://www.dicio.com.br
https://filmow.com/as-loucuras-de-dick-jane-t210/ficha-tecnica/
https://www.significados.com.br/

CULTURAL
Administração
Antropologia
Biografias
Comunicação
Dinâmicas e Jogos
Ecologia e Meio Ambiente
Educação e Pedagogia
Filosofia
História
Letras e Literatura
Obras de referência
Política
Psicologia
Saúde e Nutrição
Serviço Social e Trabalho
Sociologia

CATEQUÉTICO PASTORAL
Catequese
Geral
Crisma
Primeira Eucaristia

Pastoral
Geral
Sacramental
Familiar
Social
Ensino Religioso Escolar

TEOLÓGICO ESPIRITUAL
Biografias
Devocionários
Espiritualidade e Mística
Espiritualidade Mariana
Franciscanismo
Autoconhecimento
Liturgia
Obras de referência
Sagrada Escritura e Livros Apócrifos

Teologia
Bíblica
Histórica
Prática
Sistemática

REVISTAS
Concilium
Estudos Bíblicos
Grande Sinal
REB (Revista Eclesiástica Brasileira)

VOZES NOBILIS
Uma linha editorial especial, com importantes autores, alto valor agregado e qualidade superior.

VOZES DE BOLSO
Obras clássicas de Ciências Humanas em formato de bolso.

PRODUTOS SAZONAIS
Folhinha do Sagrado Coração de Jesus
Calendário de mesa do Sagrado Coração de Jesus
Agenda do Sagrado Coração de Jesus
Almanaque Santo Antônio
Agendinha
Diário Vozes
Meditações para o dia a dia
Encontro diário com Deus
Guia Litúrgico

CADASTRE-SE
www.vozes.com.br

EDITORA VOZES LTDA.
Rua Frei Luís, 100 – Centro – Cep 25689-900 – Petrópolis, RJ
Tel.: (24) 2233-9000 – Fax: (24) 2231-4676 – E-mail: vendas@vozes.com.br

UNIDADES NO BRASIL: Belo Horizonte, MG – Brasília, DF – Campinas, SP – Cuiabá, MT
Curitiba, PR – Fortaleza, CE – Goiânia, GO – Juiz de Fora, MG
Manaus, AM – Petrópolis, RJ – Porto Alegre, RS – Recife, PE – Rio de Janeiro, RJ
Salvador, BA – São Paulo, SP